AF357620

FUNÉRAILLES

DE

M. SAMUEL MARX

GRAND-RABBIN

DE LA

CIRCONSCRIPTION CONSISTORIALE ISRAÉLITE DE BAYONNE

(7 Janvier 1887)

PARIS

ALCAN-LÉVY, IMPRIMEUR DU CONSISTOIRE ISRAÉLITE

24, *rue Chauchat*, 24

—

1887

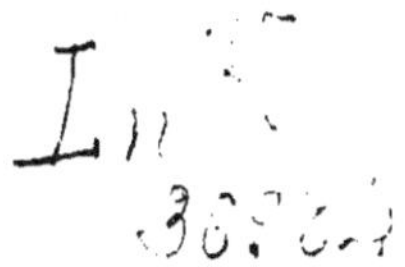

M. Samuel Marx, Grand-Rabbin de la circonscription
Consistoriale Israélite de Bayonne, est mort le 5 janvier 1887,
à une heure du matin.

Ses obsèques ont été célébrées aux frais et par les soins
du Consistoire, le 7 janvier, à neuf heures et demie du matin.

Le cercueil, porté à bras par six membres de la Société
protectrice de la Jeunesse, a été placé sur un catafalque dis-
posé dans le Temple orné de draperies noires à larmes
d'argent.

Au milieu de la cérémonie :

MM. L. Oury, Rabbin de Toulouse ; E. Aristide Astruc,
Grand-Rabbin honoraire de Belgique, ont prononcé l'oraison
funèbre du défunt.

A dix heures et demie, la cérémonie terminée, le Cortège
a quitté le Temple pour se diriger vers le cimetière où les
prières d'usage ont été récitées dans l'Oratoire.

MM. Virgile Léon, Président du Consistoire, et le
Dr C. Delvaille, Président de la Société Protectrice de la Jeunesse, ont ensuite prononcé devant le cercueil quelques paroles
de souvenir et de regrets.

A midi, la cérémonie funèbre était terminée.

———————

FUNÉRAILLES

DE

M. SAMUEL MARX

GRAND-RABBIN DE LA CIRCONSCRIPTION CONSISTORIALE ISRAÉLITE

DE BAYONNE

7 janvier 1 87 —

Oraison funèbre prononcée par M. L. OURY,
Rabbin de Toulouse.

Mes frères,

Un grand deuil vient de frapper une famille entourée de
la sympathie et de l'estime de la population tout entière de
cette ville, en même temps que la Communauté israélite de
Bayonne, sa circonscription consistoriale et, je puis le dire, le
Judaîsme français.

Bien qu'il ne nous soit pas permis de murmurer contre les
décrets de la Providence, מי יאמר לו מה תעשה, *qui oserait
dire à Dieu: que fais-tu Seigneur?* » nous pouvons cependant
exprimer nos regrets et verser nos larmes, nous devons même,
selon nos prescriptions religieuses, pleurer et louer en public
ceux qui comme Samuel Marx ont honoré par leur vie le
culte, la société et l'humanité. הזהירו רז'ל שלא להתעצל בהספדו של
אדם כשר. Mais quelles paroles pourraient aussi vivement exprimer les regrets universels que laisse notre cher et vénéré
défunt et faire son éloge d'une manière plus éloquente que la
présence autour de ce cercueil de tous les fidèles de cette com-

– 8 –

munauté, et de l'élite de la population sans distinction d'opinion religieuse ou politique? Samuel Marx était le digne grand-prêtre de cette petite Jérusalem, nom qu'on donne partout à votre belle Communauté, à cause de sa piété, de sa fidélité à nos chères et antiques traditions religieuses, de son attachement profond à tout ce qui constitue le Judaïsme, c'est-à-dire, avec le culte public, l'étude de la Loi et la Charité, תורה וגמילות חסדים.

Notre cher et regretté Grand-Rabbin avait, on peut le dire, la passion de l'étude et celle du bien, qu'il s'efforçait sans cesse de communiquer à sa chère Communauté. Ceux qui connaissaient d'un peu plus près Samuel Marx et ses débuts, pourraient vous dire avec quelle ardeur il se livrait à ses études bien-aimées, et comment, pour ne pas laisser prise sur lui aux fatigues physiques qui auraient pu l'enlever à ses méditations, l'interrompre dans ses travaux, il savait s'imposer les plus cruelles privations, je dirais même des tortures.

Ne l'a-t-on pas vu, en effet, pour vaincre le sommeil, pendant les froides nuits d'hiver, tenir ses pieds trempés dans de l'eau glacée! Il a accompli à la lettre cette parole d'un de nos Docteurs, que pour arriver à la connaissance approfondie, complète de la Thora, il faut savoir se nourrir de pain sec avec du sel, mesurer même l'eau que l'on boit, coucher sur la dure et mener une vie d'abnégation פת במלח תאכל ומים במשורה תשתה ועל הארץ תישן וחיי צער תחיה.

Nul doute que, né dans un autre culte et à une autre époque, Samuel Marx se fût senti attiré vers un de ces ordres dont le seul but était l'étude et la science. Que dis-je! N'était-il pas un vrai bénédictin avec son ardeur pour l'étude, ardeur à laquelle, comme à toute chose, le Judaïsme sait cependant apporter son tempérament. השמים שמים לה' והארץ נתן לבני אדם, a dit le Psalmiste. *Les cieux avec leur mystérieux inconnu appartiennent à Dieu et la terre il l'a donnée aux fils d'Adam.* C'est ainsi que le Judaïsme nous empêche de nous perdre dans les abstractions, dans le vague, dans les rêveries de l'absolu. Comment en effet s'enfermer dans la solitude, s'égarer dans les vaines recherches de l'inconnu, les régions éthérées de l'impénétrable, quand à chaque instant on est rappelé à la réalité par la tendresse d'une épouse, les soins de la famille, l'éducation des enfants, les devoirs envers la société et la patrie?

Tout aussi grande que la passion du savoir étaif celle du bien chez Samuel Marx. Pendant qu'il prodiguait dans cette enceinte sa parole pour relever les cœurs, instruire, éclairer, consoler, pour guérir les plaies de l'âme, en face de la maison du Seigneur, il avait su créer un refuge contre les misères du corps, la maladie, le dénuement et l'abandon. Il avait, on peut le dire, non seulement la passion, mais le génie du bien, et si les moyens dont il pouvait disposer avaient été à la hauteur de ses aspirations, quelles œuvres n'eût-il pas créées!

Mes frères, si, comme on l'a dit avec raison, l'hypocrisie est un hommage rendu à la vraie piété, n'est-il pas tout aussi exact de soutenir que les regrets, les larmes qui accompagnent la perte d'un homme de bien sont un hommage à la réalité de la vertu, la preuve éclatante de l'existence du vrai et du bien, et du culte qui leur est dû? À mon avis, un des plus grands mérites, des bienfaits les plus durables de ceux qui ont bien vécu, c'est de donner lieu à ces manifestations solennelles, de provoquer ces réunions pleines de grandeur, de recueillement et de piété. Aucun de ceux qui entourent ces chères dépouilles mortelles n'est venu en effet ici comme à une vaine cérémonie, par simple convenance ou respect humain, mais pour payer un tribut sincère et partant du cœur à la vertu, au devoir accompli, au dévouement, dans la personne de celui qui les a représentés à nos yeux pendant près d'un demi-siècle. Ah! oui, un homme de bien est un bienfait de la Providence divine accordé à l'humanité. Qu'ils viennent ici et jettent un regard sur cette assemblée, tous ceux qui ne connaissent que les négations, tous les sceptiques, tous les théoriciens du néant, tous les adorateurs du Dieu de l'intérêt, tous les fanatiques antireligieux, et qu'ils nous expliquent ce que signifient cette tristesse, ces larmes, ces regrets unanimes, ce profond recueillement, si ce n'est un tribut payé, non à la gloire, à la fortune, à l'ambition heureuse, mais au Bien. Silencieux et, malgré eux, vaincus et subjugués par l'évidence, ils uniront leurs hommages aux nôtres.

Aux éloges mérités que nous devons à notre vénéré Grand-Rabbin, joignons donc l'expression de notre reconnaissance. Oui, merci à toi, d'avoir, d'abord par ta vie et ensuite par ta mort, donné lieu à ce témoignage public, à cette manifestation pieuse en faveur de la vérité du Bien et de sa source divine, au milieu des défaillances, des erreurs, des erreurs voulues surtout, des préjugés antireligieux ou antispiritualistes.

Samuel Marx a laissé derrière lui comme un rayon lumineux. Ce rayon s'ajoutera aux traces brillantes qu'ont laissées les hommes de dévouement, d'abnégation, à l'esprit de sacrifice, qui ont honoré l'humanité, pour former ensemble ce faisceau éclatant de lumière sous le rayonnement duquel se dissiperont les sombres nuages, les tristes ténèbres dont semble enveloppée la société moderne.

Nous allons rendre à la terre les restes mortels de notre cher pasteur la veille du samedi, c'est-à-dire le dernier jour profane de la semaine pendant laquelle la préoccupation des intérêts mondains, le soin des affaires absorbent seuls notre attention. Pendant le saint jour du Schabbath, au contraire, suivant les prescriptions de notre Loi, dégagés de tout souci terrestre, nous faisons trève aux occupations profanes. Pénétrés d'une sainte joie, nous nous reposons dans la méditation et la prière, nous sommes heureux de nous ressaisir nous-mêmes et de consacrer quelques heures aux intérêts immortels de notre âme et de notre vie spirituelle. Samuel Marx aussi, après une vie de labeur et de dévouement, parfois de soucis et de peines, **va** rentrer dans ce repos où l'âme jouit de la félicité suprême, où il va enfin trouver l'idéal qu'il a tant cherché, la plénitude de connaissance qu'il a tant poursuivie, la lumière qui dissipera toutes les obscurités dans son esprit avide de savoir. Il jouira de ce samedi perpétuel dont parlent nos sages, עולם שכלו שבת.

Du haut de ton céleste séjour, prie l'Eternel qu'il console ta famille éplorée, qu'il conserve à ta Communauté en deuil son auréole de piété et de charité, que les germes que tu as déposés portent des fruits abondants et durables, que la jeunesse que tu as tant aimée recueille pieusement l'héritage de ses pères, qu'elle conserve et fasse prospérer les institutions que tu as entourées de tant de sollicitude, prie pour nous tous, pour le relèvement et la grandeur de notre chère patrie. Adieu et que ta mémoire soit à jamais bénie. זכר צדיק לברכה. Amen.

*Allocution de M. Élie-Aristide ASTRUC, Grand-Rabbin
honoraire de Belgique.*

Chers frères, chères sœurs,

Enfant de la communauté israélite de Bayonne par l'adoption, son représentant à l'école rabbinique de Metz et son délégué pour l'élection du grand-rabbin du Consistoire central de France, j'ai considéré comme un devoir de me rendre à son appel et d'assister aux obsèques du chef vénéré qu'elle venait de perdre. Il m'a été d'autant plus impossible de ne pas apporter un suprême hommage au pasteur qui n'est plus, que lui-même, dès le début de ma carrière religieuse et plus tard encore, m'a ouvert la chaire où je parle aujourd'hui, et m'a fait ainsi contracter à son égard une dette de profonde reconnaissance.

Pas plus que mon collègue et ami, M. le rabbin de Toulouse, je n'entreprendrai de retracer la vie de celui qui n'est plus, de dire quels ont été ses mérites, ses vertus, son dévouement, ses sacrifices pendant près d'un demi-siècle d'activité. L'heure qui nous presse, ne permet que d'esquisser en traits rapides sa physionomie et son œuvre; que de rechercher simplement la pensée maîtresse qui l'a inspiré et conduit pendant sa longue et belle carrière. Une de ces gracieuses légendes si chères à nos ancêtres nous assure qu'avant de descendre sur la terre, nos âmes, admises en présence du Dispensateur de tout bien, peuvent réclamer de sa bonté le don qui leur paraît le plus désirable. Samuel Marx a dû, comme le psalmiste, demander à Dieu un cœur pur, לב טהור ברא לי אלהים (1) un cœur capable d'échauffer sa volonté et d'élever son intelligence. Samuel Marx a été exaucé; son cœur a communiqué une ardeur généreuse à ceux qui l'entouraient et l'a transformé lui-même en apôtre de bien et de vérité.

____

(1) Psaume 51, V. 12.

Le milieu où Samuel Marx a été appelé et où il est resté toute sa vie, la communauté israélite de Bayonne, s'offre à nous sous un aspect tout particulier. Placée à la frontière de la France, cette communauté a scrupuleusement gardé dans son culte des rites qui rappellent l'Espagne du moyen âge ; l'Espagne où, sous les princes musulmans, comme sous les rois chrétiens, Israël s'est élevé à une position politique et sociale plus haute que dans aucun autre pays du monde ; l'Espagne enfin où il a éprouvé un des plus terribles désastres que l'histoire ait jamais enregistré. Ces traditions judeo-castillanes, Samuel Marx, né dans une province redevenue allemande, mais resté Français par son option, s'est consacré à en assurer le maintien.

Dans cette fidélité inébranlable de la communauté et du pasteur, il y a pour nous une double leçon ; d'une part, il est prouvé qu'Israël, en gardant ainsi dans son culte depuis quatre siècles les souvenirs de l'Espagne, a oublié les persécutions ; il est prouvé qu'Israël ne se souvient plus ni de Torrequemada exigeant son exil, ni de l'Inquisition, ni des bûchers, mais qu'il ne voit désormais dans l'Espagne que la terre sacrée où dorment ses pères, que la nation-sœur de la France, animée aujourd'hui, comme notre patrie elle-même, de sentiments nobles et généreux. Cette fidélité au passé enfin reste la démonstration vivante que nous n'acceptons pas la violence et que les liens brisés par la force brutale restent, malgré les faits accomplis, toujours puissants dans nos cœurs de Juifs et de Français.

Samuel Marx avait été conduit, présenté et installé à Bayonne par un homme éminent qui avait été son maître, qui a été le mien et celui de beaucoup d'entre nous, par M. le grand-rabbin David Marx qui, né dans des conditions semblables, accomplissait au sein d'une communauté israélite plus importante, à Bordeaux, la même tâche de religion et de patriotisme. Quelles natures profondément différentes que celles de David et de Samuel Marx ! Autant l'un avait de finesse, de calme, d'énergie contenue, autant l'autre se laissait aller à son élan, à son enthousiasme d'apôtre. L'un se traçait sa voie, se fixait son but, et, en vrai mathématicien de la pensée, y arrivait avec precision au moment voulu. L'autre, serviteur passionné de son idée, suivait son instinct toujours noble ; doué d'une vivacité pareille à celle des antiques *nabis*, il arrivait d'un bond au terme entrevu par lui. Ces deux âmes si dissemblables, mais rapprochées étroitement par leur vertu et leur science, ont été réunies par les liens les plus touchants, et l'une a toujours été le modèle de l'autre. Vrai pontife du Seigneur, Samuel, comme David Marx, s'est dévoué à la vérité religieuse, שפתי כהן ישמרו דעת, et s'est donné la mission de ramener et de maintenir les hommes dans le bien ; ורבים השיב מעון.

Nous avons vu que le caractère dominant de Samuel Marx a été la bonté du cœur ; il s'est fait l'homme de tous ; il a consolé les petits et les humbles ; il les a réconcilés avec la vie en leur rendant le courage et l'espérance ; il a su parler aux grands, aux favorisés de la fortune et, en leur donnant de mâles conseils, les amener aux sacrifices de la charité. Des pauvres et des riches, il a pu, grâce à son action incessante, faire un faisceau puissant pour l'accomplissement du bien. Ce qui constitue une communauté religieuse, église ou *kehilah*, c'est-à-dire la patrie spirituelle de nos âmes, c'est précisément la même force morale qui constitue et maintient la Communauté politique, à la prospérité de laquelle nous avons pour devoir de travailler. Il faut amener les hommes des diverses classes à faire abstraction de ce qui les sépare, à s'unir dans un même sentiment, à établir entre eux un contact fécond. On prépare ainsi la réconciliation sociale. Cette tâche, Samuel Marx l'a réalisée avec toutes les forces de son intelligence et de sa volonté. Inspiré par les saints principes juifs, qui ordonnent d'aimer Dieu par dessus toute chose et le prochain autant que soi-même, il a montré dans la religion, bien entendue et largement pratiquée, la voie la plus sûre pour conduire les hommes à la fraternité.

Le digne et saint Pasteur a soutenu ces grandes idées, lors de la fondation à Bayonne d'une œuvre touchante qui devait subvenir à la fois aux besoins de la vieillesse et à ceux de l'enfance et dont la gestion était confiée à la *Hébéra,* Société fraternelle, « noble débris que nos pères avaient apporté de l'Espagne (1) » en France, comme plus anciennement encore ils l'avaient apporté de la Terre Sainte en Espagne. Cet établissement, maison de refuge et salle d'asile, créé par MM. Rodrigues et Salzedo, devait s'agrandir encore, quelques années plus tard, grâce à une illustre famille israélite portugaise, qui occupe une place considérable dans les annales du judaïsme français et dans celles de la charité universelle.

Le jour de l'inauguration de l'œuvre, Samuel Marx montra « l'institution bienfaitrice, placée en face de la maison de prière comme un enseignement, » pour nous apprendre « que la religion n'est pas seulement la lumière qui nous éclaire, mais aussi l'amour qui nous vivifie ; la lumière et l'amour » qui, sous l'action bienfaisante de la civilisation, feront tomber les barrières qui séparent les hommes et amèneront leur rapprochement complet (2). » Sainte contagion du bien ! la jeunesse Israélite de Bayonne se réunissait peu de temps après en une société de bienfaisance ; elle se donnait un chef de quatorze ans et, conseillée par le Pasteur, son président perpétuel, elle assurait la présence des enfants pauvres à l'école, leur accession au travail et, par le travail, à l'aisance et à la dignité.

Le progrès social et le rapprochement des hommes, Samuel Marx, dans les élans de sa piété et de son patriotisme, les voyait accomplis par le concours d'Israël et de la France. Les

---

(1) Discours de M. S. Marx. *Messager de Bayonne,* 11 décembre 1861.
(2) *Ibid.*

volontés providentielles ont fait passer le peuple juif par
trois phases nécessaires. Pendant la première, celle de l'isole-
ment, Israël a dû vivre séparé des autres nations, parce qu'elles
étaient irrémédiablement idolâtres et que la vérité religieuse,
dont seul il était dépositaire, devait, à tout prix, être préservée.
La seconde période, celle de la souffrance, nous montre Israël,
objet de la persécution universelle, comme sauvé à son tour
par la vérité qu'il porte. La troisième phase enfin est celle de
la fusion. La France la réalise en appelant Israël au droit
commun ; elle lui permet de se confondre étroitement avec
elle : elle l'invite à adopter ses mœurs, à vivre sous ses lois libé-
ratrices, et de sa main aussi généreuse que puissante elle pro-
tège la foi juive, sanctifiée pendant dix-huit siècles par le sang
des martyrs.

« Un peuple, nous dit Samuel Marx, devait surgir du sein
» de l'Europe, pour opérer, comme jadis le peuple de Dieu,
» une grande révolution morale. Le peuple de Dieu a eu pour
» mission de proclamer l'unité de Dieu; la France, l'égalité
» des hommes. Le peuple de Dieu a eu pour mission d'éman-
» ciper l'intelligence des peuples... la France, d'affranchir
» leur conscience.... Le peuple de Dieu a eu pour mission
» d'annoncer les éternels principes de justice et de vérité....;
» la France, de les mettre en pratique.... Les nations oppri-
» mées l'ont saluée avec enthousiasme.... Israël sentit, pour la
» première fois, le sentiment national battre dans son sein...
» Comme jadis les Macchabées, pour la défense de Sion, il em-
» brassa avec ardeur la cause de sa nouvelle patrie, tout en
» restant fidèle à sa croyance, son bien le plus précieux.... Ce
» qui est mort en effet du judaïsme, c'est le peuple, c'est sa
» forme nationale.... qui n'étaient qu'une nécessité de circons-
» tance.... Mais son esprit, ses principes, ses vérités immuables
» que nous ne cessons de proclamer à la face du monde, sub-
» sisteront éternellement à travers le temps (1). »

---

(1) *Archives Israélites*, tome VIII, p. 5.

Samuel Marx a eu raison d'affirmer cette harmonie intime entre la France et Israël et d'en conclure que l'attachement de l'un pour l'autre ne cesserait jamais, parce qu'il est fondé sur une identité absolue de principes et d'aspirations. Il n'y a eu, en effet, que deux décalogues dans l'histoire ; Israël porte l'un, c'est celui du Sinaï ; la France présente l'autre ; c'est la déclaration des droits de l'homme et du citoyen. L'un et l'autre ont été unanimement acceptés par une nation entière, peuple, princes et prêtres ; tiers-état, nobles et clergé. Tous deux enfin ont été proclamés « *en présence et sous les auspices de l'Être-Suprême* » de l'Eternel Jehovah. Entre Israël et la France, le divorce est donc impossible, Israël ne cessera pas d'aimer passionnément la France ; la France ne permettra pas qu'on touche à Israël.

Voilà, chers frères et chères sœurs, une idée bien incomplète de Samuel Marx et de son œuvre ; ajoutons que, dans sa longue carrière, il a eu deux grands bonheurs, que nous signalons non point pour diminuer son mérite, mais pour reconnaitre celui des autres. Non seulement il a eu à son côté, ce qui n'est pas rare pour les pasteurs israélites, une compagne qui a été le charme de son foyer, un cœur qui l'a compris et soutenu dans son apostolat ; mais encore un parent, un maître, un ami dévoué qui lui a ouvert sa route et lui en a aplani les difficultés. Non seulement enfin il a eu à conduire une Communauté décidée à tous les sacrifices et animée d'une foi ardente, mais encore des collaborateurs d'élite, les Furtado, les Emile et Félix Léon, les Nunez, les Rodrigues, les Salzedo qui, par la diversité même de leurs vues, n'ont pas cessé d'être pour lui une lumière et une force. Il est avec eux désormais. Ame croyante et sainte, il va vers l'Infini, ואתה לך לקץ, qui est en même temps le repos suprême et l'éternelle activité : תנוח ותעמד.

Allocution de M. VIRGILE LÉON, président du
Consistoire Israélite.

Messieurs,

Je suis saisi d'une émotion profonde, en venant au nom de
la circonscription consistoriale israélite de Bayonne, que j'ai
l'honneur de représenter, adresser un dernier adieu à la dé-
pouille mortelle de notre regretté Grand-Rabbin, Samuel
Marx.

Cette émotion, Messieurs, vous la partagerez avec moi, et à
bien juste titre; car nous saluons une existence qui a été mar-
quée tout entière au coin de la bonté, de la tolérance et de la
charité.

Permettez-moi, tout d'abord, de rappeler brièvement les prin-
cipales phases de cette vie si bien remplie : Samuel Marx, ori-
ginaire de Durckeim, petite ville de la Bavière rhénane, d'une
famille très honorable, mais de position modeste, fut élevé à
l'Ecole Rabbinique de Metz, d'où il sortit pour venir occuper
le poste de Rabbin communal à Saint-Esprit en octobre 1842.
Il était âgé de 25 ans.

En janvier 1846, une ordonnance royale détacha sept dépar-
tements qui faisaient partie de la circonscription de Bordeaux,
pour former la circonscription d'un nouveau Consistoire dont
le siège fut établi à Saint-Esprit-Bayonne, et le 5 août de la
même année, le jeune Rabbin communal dut obtenir une dis-
pense d'âge, pour occuper le siège de Grand-Rabbin du nouveau Consistoire.

Esprit très cultivé, convaincu dans ses croyances, Samuel
Marx avait une science consommée des dogmes judaïques, une
piété fervente et une foi profonde dans la Religion. Aidé de
quelques hommes charitables et pieux, animés comme lui de
l'amour du bien, il développa les institutions établies, et c'est
sous son patronage que se fondèrent la Maison d'Asile où l'on

reçoit les vieillards, les orphelins et les malades; la Société
Protectrice des Arts et Métiers et de la Jeunesse Israélite. Il
réorganisa sur des bases nouvelles notre Ecole de filles qui
existe encore, notre Ecole de garçons aujourd'hui supprimée.
maintenue seulement pour l'enseignement religieux, et qui
continue ainsi la tradition de l'ancien « *Talmud Thora* ».
Mais ce qui l'occupa surtout, ce qui exerça sa constante sollicitude, ce fut la haute direction du Comité de Bienfaisance
connu sous le nom de « *Hébéra* ».

Dire tout le bien qu'il a fait pendant son apostolat, car vous
me permettrez bien d'appeler de ce nom une carrière ininter-
rompue de 44 ans, c'est absolument impossible. Les pauvres
israélites, les malheureux de toutes les religions le savent bien.
Sa charité ne connaissait pas de distinction de culte, et nulle
misère ne le laissait insensible. Ce que nous devons surtout
rappeler, c'est que ses libéralités personnelles ont toujours été
faites avec un tact, un discernement parfait.

Il a eu d'ailleurs le bonheur d'être, dans toutes ses belles
actions, admirablement secondé par sa digne et vertueuse compagne, à qui je crois de mon devoir d'exprimer aujourd'hui
publiquement la reconnaissance de la communauté Israélite
de Bayonne, avec l'expression de notre douloureuse sympathie
dans l'épreuve qu'elle traverse.

Doué d'une érudition rare, Samuel Marx connaissait à fond
tous les philosophes anciens et modernes, tous les ouvrages
sacrés et profanes, et, jusqu'à son dernier soupir, il n'a cessé
de lire, d'étudier, persuadé que l'amélioration de l'espèce hu-
maine résidait tout entière dans le travail, dans les connais-
sances nouvelles; mais sa modestie l'empêchait de faire parade
de son savoir. Quelquefois, mais en chaire seulement, il laissait déborder les flots de son intelligente éloquence, et avec
une hauteur de vues merveilleuse, il nous expliquait tout ce
que les livres anciens contenaient de grand, de noble, de beau,
tous les exemples que nous pouvions y puiser, tout le bien que
l'on pouvait en retirer.

Il mérita bien certainement la croix de la Légion d'honneur qui vint récompenser ses bienfaits et ses travaux.

Son esprit conciliateur lui avait valu l'estime et la sympathie de tous ceux qui l'approchaient, et il serait indiscret pour sa mémoire de dire combien il a aplani de difficultés, réconcilié d'inimitiés.

Cher et vénéré Grand-Rabbin,

Mon humble voix, à ce moment suprême, vient vous apporter les regrets de cette Communauté que vous avez dirigée pendant près d'un demi-siècle, que vous avez tant aimée, qui était tout pour vous; et je déplore de n'avoir ni votre talent, ni votre grande éloquence, pour exprimer la douleur que nous cause votre perte.

Allocution de M. le Dr C. Delvaille, président de la Société
protectrice de la jeunesse israélite

Messieurs,

A toutes nos cérémonies funèbres, le Rabbin marche derrière
le corbillard ; quelle que soit la position sociale du coreligion-
naire décédé, le pasteur l'accompagne à sa dernière demeure.
C'est une des marques de l'égalité qui règne dans nos commu-
nautés israélites.

L'uniformité des tombes que vous apercevez de cette place
en est une preuve non moins éclatante et non moins touchante.

Pourquoi donc, lorsqu'il y a vingt jours, furent conduits ici
les restes mortels d'une femme respectée et regrettée, aussi
remarquable par les qualités de l'intelligence que par celles du
cœur, pourquoi notre vénéré Grand-Rabbin manqua-t-il à ce
qu'il regardait comme une des plus consolantes prérogatives
de son ministère ?

C'est que déjà la maladie l'avait saisi. Nature ardente, toujours en mouvement et tournée vers le bien, il avait, dans l'accomplissement plus que scrupuleux de ses devoirs, usé les res-
sorts de sa robuste constitution.

Messieurs, d'autres, et de plus autorisés, vous ont montré
Samuel Marx dans l'exercice de son sacerdoce Ils vous ont dit
la sûreté et la profondeur de son érudition, la chaleur de son
éloquence, la bonté de son âme se répandant dans les œuvres
diverses qu'il a, ou créées, ou développées au sein de sa chère
Communauté. Je n'ai donc pas à toucher à ce côté de sa carrière rabbinique. J'aurais voulu insister cependant sur un trait
spécial de notre regretté pasteur, son patriotisme. Mais je suis
encore, comme vous l'êtes vous-mêmes, sous l'impression du
discours de mon honorable ami M. le Grand-Rabbin honoraire, de Belgique, qui a su traduire dans un magnifique lan-
gage nos sentiments d'Israélites et de Français.

Je devrais donc me taire, si je n'avais à faire tout au moins allusion à une circonstance toute récente, et qui a frappé ceux qui en ont été témoins. Voici donc ce que je veux vous dire :

Fils d'un père français, né lui-même sur un sol qui ne fut qu'un moment terre de France, Samuel Marx avait l'âme française. Il déplorait nos faiblesses et nos imperfections, mais, par dessus tout, nos divisions politiques et religieuses, double obstacle à la concentration des forces vives de la nation.

Il y a dix jours, au mariage de deux de nos jeunes coreligionnaires, rappelant l'anniversaire, toujours respecté et célébré dans nos familles, des héroïques combats des Macchabées pour l'indépendance de leur pays et de leur foi, il nous disait que l'un des traits saillants de la race Juive, c'est cet attachement au sol qui nous a vus naître, et à la liberté de conscience. Jamais sa parole ne fut aussi nette, jamais non plus aussi entraînante, j'en appelle au souvenir de ceux qui l'ont entendue. C'est qu'il s'adressait à un public digne de le comprendre, c'est qu'il savait que la différence de cultes de ses auditeurs n'altérait en rien l'unanimité de leurs sentiments d'affection, de respect et de dévouement pour la commune patrie.

Messieurs, c'est en ma qualité de président et au nom de la Société Protectrice de la Jeunesse Israélite et des Arts et Métiers que je parle, et il semble que je l'aie oublié ! Et, cependant, c'est à Samuel Marx qu'elle doit son existence. Lorsqu'il y a trente-sept ans il revint de Metz, cette ville toujours française pour nos cœurs, marié à la noble femme qui le pleure aujourd'hui et qui sut partager avec lui les satisfactions et les labeurs de sa vie sacerdotale, M. Marx résolut d'installer à Bayonne deux œuvres qu'il avait vues fonctionner avec succès à Metz : la protection de l'enfance qui fréquente l'école, — c'est le germe et l'origine de nos caisses scolaires — et l'introduction du travail manuel dans les mœurs de nos coreligionnaires. Ces deux œuvres, après avoir longtemps prospéré simultanément et fait quelque bien, se fondirent en une Société unique qui nomma M. Marx son président perpétuel. Pendant plus de vingt ans, il n'a pas manqué de prêter à chacune de nos réunions annuelles le concours de sa parole autorisée. L'an dernier, au mois d'octobre, c'est du travail qu'il nous parlait, de la dignité que l'homme trouve dans l'effort individuel et persévérant. Et il allait chercher, dans l'Histoire biblique, des exemples de la considération dont étaient entourés chez nos ancêtres le travail agricole et le travail industriel, comme il cherchait dans les mesures hygiéniques actuelles, dans les découvertes et les applications scientifiques de nos jours, la mise en pratique de certains principes inscrits dans ce livre étrange, troublant, mais sublime, *le Talmud !*

Chacun de ses discours était une leçon pour les apprentis, nos protégés, et pour nous-mêmes. C'était, en effet, une des qualités maîtresses de ce pasteur, de profiter de toutes les occasions gaies ou tristes, religieuses ou profanes, pour encourager, instruire, moraliser.

En le perdant, la Société de la Jeunesse perd un appui, un guide, un père. Au nom de nos collègues et au mien, je dépose sur ce cercueil l'expression de nos regrets et l'hommage de notre respect.

Paris. — Alcan-Levy, imp. breveté, 24, rue Chauchat

www.ingramcontent.com/pod-product-compliance
Lightning Source LLC
LaVergne TN
LVHW011013180726

843502LV00007B/2506